Tiramisu

Tiramisu

Stéphanie Bulteau

Photographies Jean Bono

Stylisme Sophie Dwernicki

SOLAR
EDITIONS

Si vous souhaitez recevoir notre catalogue et être tenu au courant
de nos publications, envoyez-nous vos nom et adresse,
en citant ce livre et en précisant les domaines qui vous intéressent.

Éditions SOLAR
12, avenue d'Italie
75013 Paris

www.solar.fr

Sophie Dwernicki remercie les magasins suivants pour leur prêt de vaisselle :

- Bodum, 103, rue Rambuteau, 75001 Paris
- Simon, 48, rue Montmartre, 75002 Paris

Responsables éditoriales : Véronique Chanson et Corinne Cesano
Secrétariat d'édition : Delphine Depras et Aurélie Aminian
Mise en pages : Chantal Guézet, Encre Blanche
Photo de couverture : Jean Bono et Emmanuel Renault
Photogravure : Point 4

ISBN : 978-2-263-04543-1
Code éditeur : S04543/06
Dépôt légal : janvier 2008
Imprimé en France par Pollina 85400 Luçon - L51958
Suite de la deuxième édition

Sommaire

Introduction

Qui n'a jamais succombé à ce délicieux dessert italien si plein de charme ?
À la fin d'un déjeuner, d'un dîner ou tout simplement à l'occasion d'un goûter,
il nous transporte sur les sentiers ensoleillés de sa Toscane natale et nous fait
vivre la *dolce vita* ! Sa riche et onctueuse mousse de mascarpone (fromage
frais élaboré à partir de crème) séduit les grands comme les petits.

En version traditionnelle, alcoolisée ou fantaisiste, le tiramisu fait le tour
du monde des saveurs pour vous faire découvrir toutes sortes de parfums.
Rapide à confectionner et sans cuisson, simple et pratique, il se prépare
à l'avance avec au minimum 12 heures de repos. Il sait se faire désirer,
augmentant ainsi le plaisir de la dégustation...

Simplicité rime néanmoins avec méthode. Respectez donc ces cinq règles
d'or : utilisez des œufs extrafrais et un mascarpone à température ambiante.
Au fouet, battez énergiquement jaunes d'œufs, sucre et mascarpone pour
obtenir un mélange bien lisse. Montez les blancs en neige très ferme au fouet
électrique et veillez à ne pas trop imbiber les biscuits. Laissez enfin libre cours
à votre imagination en agrémentant à volonté vos réalisations de vos biscuits,
fruits et alcools préférés et surtout... régalez-vous !

Plaisirs traditionnels

Tiramisu traditionnel
dolce vita

POUR 4 PERSONNES

150 g de mascarpone

150 g de biscuits
à la cuillère

4 œufs

50 g de sucre
en poudre

5 cl d'amaretto
aux amandes

30 cl de café
fort froid

1 cuill. à soupe
de cacao amer
en poudre

1 pincée de sel

Voici la recette originelle. Un dessert qui évoque toute la chaleur, la joie de vivre, la générosité et la sensualité de l'Italie.

1 Imbibez rapidement les biscuits à la cuillère de café froid et tapissez-en le fond de quatre verres.

2 Séparez les blancs des jaunes d'œufs. Dans une jatte, battez au fouet les jaunes avec le sucre en poudre jusqu'à ce que le mélange blanchisse. Incorporez ensuite le mascarpone et enfin les blancs montés en neige ferme avec le sel. Parfumez avec l'amaretto.

3 Répartissez la crème dans les coupes et saupoudrez-les de cacao amer.

4 Couvrez-les d'un film plastique et mettez-les au moins 12 heures au réfrigérateur.

Tiramisu choco-poire

POUR 4 PERSONNES

150 g de mascarpone

8 BN® tout chocolat

2 poires + quelques dés pour le décor

4 œufs

50 g de sucre en poudre

4 cl d'amaretto

1 cuill. à soupe de café soluble

8 cl d'eau chaude

1 cuill. à café de cacao amer en poudre

1 pincée de sel

Une exquise balade à l'italienne pour ce classique choco-poire ! Utilisez de préférence des poires bien juteuses, des williams ou des conférence.

1 Reconstituez le café en le mélangeant à l'eau chaude. Laissez-le ensuite totalement refroidir, puis versez-le dans un bol et faites-y mariner les poires taillées en petits dés.

2 Séparez les blancs des jaunes d'œufs. Dans une jatte, battez les jaunes et le sucre en poudre jusqu'à obtention d'un mélange mousseux. Ajoutez le mascarpone et mélangez bien au fouet. Battez ensuite les blancs en neige ferme avec le sel, puis incorporez-les délicatement à la crème. Parfumez avec l'amaretto.

3 Répartissez les poires et le café dans quatre coupes. Ajoutez les BN® coupés en morceaux et nappez le tout de crème au mascarpone. Saupoudrez de cacao amer. Recouvrez les coupes d'un film plastique et gardez-les au moins 12 heures au réfrigérateur.

4 Décorez-les avec des petits dés de poire avant de servir.

Tiramisu banana split

POUR 4 PERSONNES

80 g de mascarpone

150 g de cake au chocolat

160 g de banane

4 cuill. à café de confiture de fraise.

1 œuf entier + 1 blanc

15 g de sucre en poudre

4 cl de lait

1 cuill. à soupe de chocolat en poudre

4 brins de thym frais

1 pincée de sel

Une variation autour d'un grand classique ! Muffins, mini-cakes, madeleines, génoises, c'est au choix, à condition que ces biscuits soient tout choco !

1 Placez quatre cercles à pâtisserie dans quatre petits plats ronds à oreilles. Dans un bol, mélangez le lait avec le chocolat en poudre. Trempez-y rapidement le cake coupé en dés (il ne doit pas être trop imbibé, mais juste humidifié) et tapissez le fond des cercles. Mettez de côté.

2 Battez le jaune d'œuf avec le sucre à l'aide d'un fouet. Ajoutez ensuite le mascarpone et la banane écrasée à la fourchette (conservez 4 rondelles avec la peau). Mélangez bien avant d'incorporer les deux blancs d'œufs montés en neige ferme avec la pincée de sel. Répartissez la crème à la banane dans les cercles et placez le tout au moins 12 heures au frais.

3 Environ 1 heure avant de les déguster, nappez le dessus de chaque tiramisu avec une cuillerée à café de confiture de fraises préalablement battue énergiquement. Décorez avec la rondelle de banane et un brin de thym. Replacez-les au frais. Au moment de servir, il ne reste plus qu'à les démouler soigneusement.

200 g
de mascarpone

16 petits-beurre

150 g de cerneaux
de noix

4 œufs

70 g de sucre
en poudre

1/2 cuil. à café de
Ricoré®

1 pincée de sel

Tiramisu aux noix
et aux petits-beurre

Une copieuse douceur du terroir qui ravira
les gourmets autant que les gourmands !

1 Séparez les blancs des jaunes d'œufs. Dans une jatte, battez au fouet les jaunes avec le sucre en poudre jusqu'à ce que le mélange blanchisse. Incorporez ensuite le mascarpone et les blancs montés en neige ferme avec le sel.

2 Séparez la préparation en deux et parfumez-en une avec les noix hachées finement.

3 Dans le fond de quatre verres, répartissez la moitié de la crème aux noix et couvrez d'une bonne couche de petits-beurre cassés en morceaux. Ajoutez toute la crème nature, une deuxième couche de petits-beurre et terminez en répartissant le reste de crème aux noix. Saupoudrez de Ricoré® et couvrez d'un film plastique. Placez les verres au moins 12 heures au réfrigérateur.

4 Servez ce tiramisu accompagné de quelques petits-beurre supplémentaires.

Tiramisu gaufré
à la framboise

POUR 4 PERSONNES

200 g
de mascarpone

150 g de gaufrettes
à la framboise

200 g de confiture
de framboises

125 g de framboises
+ quelques unes
pour le décor

3 œufs

1/2 citron

1 pincée de sel

Une saveur intense en duo de framboises ! Adaptez cette recette aux fruits du marché… fraises, groseilles ou cassis. Choisissez votre confiture et vos gaufrettes assorties.

1 Dans une jatte, battez au fouet les jaunes d'œufs avec le mascarpone jusqu'à obtention d'un mélange lisse. Ajoutez ensuite le jus de citron, puis la confiture de framboises. Montez les blancs en neige ferme avec le sel, puis incorporez-les à la crème.

2 Garnissez le fond de quatre grands verres avec les framboises. Répartissez dessus la moitié du mascarpone aux framboises, puis les gaufrettes coupées en morceaux. Terminez en ajoutant la crème restante.

3 Placez-les au moins 12 heures au réfrigérateur protégés d'un film plastique. Décorez les tiramisu avec quelques framboises.

**200 g
de mascarpone**

**80 g de barres
céréalières
aux fruits (fruits
rouges, pomme...)**

90 g de myrtilles

**120 g de confiture
de myrtilles**

4 œufs

**50 g de sucre
en poudre**

**2 cuill. à soupe
de jus de citron**

1 pincée de sel

Tiramisu céréalier à la myrtille

Coloré et énergétique… voici un tiramisu fort sympathique ! Les myrtilles fraîches sont facultatives, mais elles apportent un goût unique. En saison, profitez-en !

1 Avec un fouet, battez les jaunes d'œufs et le sucre en poudre jusqu'à ce que le mélange blanchisse. Ajoutez ensuite le mascarpone, puis les blancs montés en neige ferme avec le sel. Parfumez avec le jus de citron. Prélevez environ le quart de la crème et réservez-la. Ajoutez la confiture de myrtilles à l'autre partie.

2 Répartissez les myrtilles dans le fond de quatre verres. Gardez-en quelques-unes pour la décoration.

3 Versez la moitié de la crème à la myrtille dans les verres, répartissez dessus les barres céréalières cassées en petits morceaux, puis nappez le tout du restant de crème à la myrtille. Terminez en ajoutant un dôme de crème blanche au centre des verres.

4 Placez-les au moins 12 heures au réfrigérateur puis, avant de servir, décorez-les avec les myrtilles réservées.

Tiramisu de l'apicultrice

POUR 4 PERSONNES

150 g de mascarpone

150 g de gâteaux
secs aux céréales
et au miel

5 cuill. à soupe
de miel liquide

30 g de noisettes
+ 4 noisettes
pour le décor

4 œufs

Gingembre
en poudre
(facultatif)

1 pincée de sel

Sa personnalité n'est que douceur mais, s'il s'accommode fort bien d'un miel d'acacia, il préfère néanmoins les miels plus typés tels que le miel de thym, de romarin ou de lavande.

1 Dans une jatte, battez au fouet les jaunes d'œufs avec 3 cuillerées à soupe de miel jusqu'à obtenir un mélange mousseux. Ajoutez ensuite le mascarpone et mélangez énergiquement. Montez les blancs en neige ferme avec le sel, puis incorporez-les délicatement à la préparation précédente. Terminez en ajoutant les noisettes grossièrement concassées.

2 Répartissez la moitié des gâteaux secs cassés en morceaux dans le fond de quatre verres. Ajoutez une cuillerée à café de miel dans chacun, puis la moitié de la crème. Disposez dessus une nouvelle couche de biscuits et couvrez le tout de crème.

3 Après avoir protégé les tiramisu d'un film plastique, placez-les au moins 12 heures au réfrigérateur.

4 Au moment de servir, décorez le dessus avec une noisette et un filet de miel. Vous pouvez aussi ajouter une pincée de gingembre en poudre.

Tiramisu choc'orange

POUR 4 PERSONNES

200 g
de mascarpone

180 g de Pim's®
à l'orange

Le jus et le zeste
d'une orange

1 cuill. à café de
Ricoré®
+ 4 pincées
pour le décor

10 cl de lait

4 œufs

70 g de sucre
en poudre

1 pincée de sel

C'est un vent nouveau qui souffle sur la traditionnelle association chocolat-orange. Rajoutez deux gouttes de Grand Marnier® dans la Ricoré® et ce tiramisu prendra un air de cocktail Marnissimo.

1 Dans une casserole, faites chauffer le lait, puis ajoutez la Ricoré®. Mélangez et laissez totalement refroidir. Hachez finement le zeste de l'orange au couteau.

2 Battez les jaunes d'œufs avec le sucre en poudre jusqu'à ce que le mélange blanchisse. Ajoutez le mascarpone, puis 4 cuillerées à soupe de jus d'orange ainsi que 2 cuillerées à soupe de zeste haché. Incorporez ensuite délicatement les blancs montés en neige ferme avec la pincée de sel.

3 Cassez chaque Pim's® en quatre, imbibez-les rapidement de Ricoré® au lait et répartissez-en la moitié au fur et à mesure dans quatre verres. Ajoutez une couche de crème à l'orange, puis répartissez à nouveau le reste de Pim's® imbibés. Terminez en nappant le tout de crème. Parsemez sur chacun une pincée de Ricoré® et quelques zestes d'orange hachés.

4 Protégez les verres avec un film plastique et placez-les au moins 12 heures au réfrigérateur avant de les déguster.

Tiramisu vanillé en duo de macarons

POUR 4 PERSONNES

220 g
de mascarpone

**2 petits macarons
à la pistache**

**7 petits macarons
au café**

**2 cuill. à soupe
de vanille liquide**

4 œufs

**70 g de sucre
en poudre**

1 pincée de sel

Un duo complice tout en raffinement ! Les parfums sont au choix. À vous de composer votre mariage idéal : chocolat-caramel, amande-rose, banane-café, pistache-fraise…

1 Séparez les blancs des jaunes d'œufs. Battez au fouet les jaunes avec le sucre en poudre jusqu'à ce que le mélange blanchisse. Incorporez le mascarpone, puis ajoutez délicatement les blancs montés en neige ferme avec le sel. Parfumez avec la vanille liquide.

2 Répartissez la moitié de la crème dans le fond de quatre verres. Disposez dessus les macarons au café cassés en petits morceaux, puis nappez de crème restante.

3 Après avoir protégé les verres d'un film plastique, mettez-les au moins 12 heures au réfrigérateur. Au moment de servir, séparez les macarons à la pistache en deux et décorez le centre de chaque tiramisu avec un demi-macaron.

Tiramisu brioché, caramel au beurre salé

POUR 4 PERSONNES

200 g
de mascarpone

2 brioches
individuelles
de boulanger

170 g de sucre
en poudre

50 g de beurre salé

30 cl de crème
liquide

4 œufs

80 g de chocolat noir
aux noisettes
et aux raisins secs
(en tablette)

Pralin (facultatif)

1 pincée de sel

Délicatesse et moelleux au rendez-vous ! Ce tiramisu a un petit faible pour les brioches du boulanger, qui ont une saveur bien plus authentique que les brioches industrielles.

1 Dans une casserole, faites fondre 100 g de sucre en poudre. Hors du feu, incorporez le beurre salé coupé en dés, puis ajoutez la crème liquide et remettez de nouveau sur le feu jusqu'à obtention d'un caramel lisse et onctueux.

2 Dans le fond de quatre ramequins, versez 4 cuillerées à soupe de caramel et garnissez-les de brioche coupée en morceaux. Ajoutez à nouveau 4 cuillerées à soupe de caramel et laissez totalement refroidir.

3 Battez les jaunes d'œufs avec 70 g de sucre jusqu'à ce que le mélange blanchisse. Ajoutez le mascarpone et incorporez délicatement les blancs montés en neige ferme avec le sel. Parfumez avec la moitié du caramel restant.

4 Répartissez le chocolat cassé en petits morceaux sur la brioche et garnissez les ramequins de crème. Nappez-les du reste de caramel et couvrez-les d'un film plastique.

5 Placez au moins 12 heures au réfrigérateur. Vous pouvez aussi parsemer un peu de pralin sur le dessus des tiramisu avant de servir.

Plaisirs alcoolisés

POUR 4 PERSONNES

170 g de mascarpone

8 palets bretons

**20 g d'amandes
effilées**

**10 cl de Baileys®
(crème de whisky)**

4 œufs

**50 g de sucre
en poudre**

1 pincée de sel

**Quelques grains de
café ou d'amandes
effilées pour
le décor**

Tiramisu au Baileys® et aux amandes grillées

Une douceur de crème et des amandes qui craquent sous la dent. Un cocktail onctueux à déguster entre amis.

1 Grillez les amandes effilées à sec dans une poêle bien chaude. Lorsqu'elles prennent une belle couleur dorée, retirez-les et réservez-les.

2 Séparez les blancs des jaunes d'œufs. Dans une jatte, battez les jaunes et le sucre en poudre jusqu'à obtention d'un mélange mousseux. Ajoutez ensuite le mascarpone et mélangez énergiquement au fouet. Montez les blancs en neige ferme avec la pincée de sel, puis incorporez-les délicatement à la crème. Ajoutez le Baileys® et les amandes effilées.

3 Répartissez la moitié de la crème dans le fond de quatre verres à digestif, puis ajoutez les palets bretons cassés en morceaux. Terminez par une couche de crème. Couvrez les verres d'un film plastique et placez-les au moins 12 heures au réfrigérateur.

4 Au moment de servir, décorez les verres avec des grains de café ou des amandes effilées grillées.

Tiramisu
aux fruits confits

POUR 4 PERSONNES

150 g de mascarpone

10 biscuits
à la cuillère

120 g de macédoine
de fruits confits

6 cl de rhum

4 œufs

50 g de sucre
en poudre

1 pincée de sel

Feuilles de menthe

C'est le dessert parfait pour finir en beauté
un déjeuner en plein air, et le candidat idéal
d'un goûter gourmand. Selon vos goûts, imbibez
plus ou moins longtemps les biscuits.

1 Disposez quatre cercles à pâtisserie dans quatre petits plats
ronds à oreilles. Mélangez le rhum avec 8 cl d'eau et 10 g
de sucre en poudre. Trempez les biscuits à la cuillère coupés
en deux et tapissez-en le fond des cercles. Réservez.

2 Au fouet, battez énergiquement les jaunes d'œufs avec
le sucre en poudre restant jusqu'à ce que le mélange blanchisse,
puis incorporez le mascarpone et enfin les fruits confits hachés
menu à l'aide d'un couteau. Ajoutez les blancs montés en neige
ferme avec la pincée de sel.

3 Remplissez ensuite les cercles de crème jusqu'au bord
et placez-les au moins 12 heures au réfrigérateur.

4 Veillez à sortir les tiramisu quelques minutes avant
de les déguster pour en faciliter le démoulage. Retirez
délicatement les cercles et décorez le dessus avec des feuilles
de menthe.

Tiramisu Mon Chéri®
aux griottes

POUR 4 PERSONNES

**200 g
de mascarpone**

**100 g de cake
marbré**

**8 bouchées
Mon Chéri®**

**90 g de confiture
de griottes**

**100 g de sucre
en poudre**

**1 cuill. à soupe
de chocolat
en poudre**

4 œufs

1 pincée de sel

**Copeaux de chocolat
pour le décor**

C'est le tiramisu des amoureux… qui cache un cœur envoûtant sous un douillet nuage de mousse ! Privilégiez une confiture de griottes légère et riche en fruits.

1 Dans une petite casserole, mélangez 50 g de sucre avec 7,5 cl d'eau et portez à ébullition. Laissez frémir 2 minutes, puis ajoutez le chocolat en poudre et réservez au chaud quelques minutes.

2 Taillez le cake marbré en dés et passez-les dans le sirop au chocolat. Garnissez-en le fond de quatre grands ramequins et laissez refroidir.

3 Au fouet, battez les jaunes d'œufs avec 50 g de sucre jusqu'à ce que le mélange blanchisse. Ajoutez ensuite le mascarpone et les blancs montés en neige ferme avec le sel.

4 Cassez délicatement les Mon Chéri® au-dessus du cake à raison de 2 par ramequin. Nappez le tout de crème et, au centre, répartissez la confiture de griottes.

5 Après les avoir protégés d'un film plastique, placez les ramequins au moins 12 heures au réfrigérateur. Ajoutez quelques copeaux de chocolat et servez.

Tiramisu irish coffee

POUR 4 PERSONNES

150 g de mascarpone

150 g de biscuits
à la cuillère

60 g de raisins secs

1 bâton de cannelle
+ 4 bâtons
pour le décor

1 clou de girofle

1 gousse de vanille
+ 4 gousses
pour le décor

20 cl de whisky

60 g de sucre
en poudre

1 cuill. à soupe
de café soluble

4 œufs

1 pincée de sel

Un coussinet de biscuits corsés sous une angélique crème parfumée. Un contraste enchanteur !

1 Dans une casserole, mélangez le whisky avec le café soluble, 10 g de sucre en poudre, le bâton de cannelle, le clou de girofle, la vanille, les raisins secs et 20 cl d'eau. Portez à ébullition, puis baissez le feu et laissez infuser sur feu doux une vingtaine de minutes à couvert. Laissez ensuite totalement refroidir.

2 Dans une jatte, battez les jaunes d'œufs avec le sucre restant jusqu'à ce que le mélange blanchisse. Ajoutez ensuite le mascarpone, puis les blancs montés en neige ferme avec la pincée de sel. Incorporez délicatement les raisins secs égouttés.

3 Incisez la gousse de vanille et prélevez les graines en les raclant à l'aide d'une pointe de couteau. Ajoutez à la crème.

4 Trempez les biscuits dans l'irish coffee, puis garnissez-en le fond de quatre verres. Répartissez dessus la crème vanillée. Couvrez-les d'un film plastique et placez-les au moins 12 heures au réfrigérateur.

5 Décorez avec une gousse de vanille et un bâton de cannelle.

Tiramisu au yaourt, à la pêche et au pain d'épice

POUR 4 PERSONNES

200 g
de mascarpone

100 g de pain d'épice
+ 4 bâtonnets pour
le décor

160 g de pêches
+ 4 lamelles
pour le décor

45 g de yaourt
brassé à la pêche

5 cl d'amaretto

40 g de sucre
en poudre

3 œufs

1 pincée de sel

Une texture incroyablement légère. Un excellent dessert pour terminer un repas sur une note fruitée et rafraîchissante. Avec des abricots, c'est aussi très bon !

1 Dans un bol, faites macérer le pain d'épice émietté et les pêches épluchées et taillées en petits dés avec l'amaretto.

2 Séparez les blancs des jaunes d'œufs. Blanchissez les jaunes avec le sucre en poudre à l'aide d'un fouet. Ajoutez ensuite le mascarpone, puis le yaourt. Montez les blancs en neige ferme avec le sel et incorporez-les délicatement à la préparation crémeuse.

3 Répartissez le mélange pain d'épice-pêches dans le fond de quatre tasses à thé transparentes et recouvrez l'ensemble de crème au yaourt. Couvrez les tasses d'un film plastique et placez-les au moins 12 heures au réfrigérateur.

4 Décorez avec un bâtonnet de pain d'épice grillé et une fine lamelle de pêche.

Tiramisu cappuccino

POUR 4 PERSONNES

150 g de mascarpone

150 g de biscuits
sablés nature

60 g de cerneaux
de noix + quelques
cerneaux pour
le décor

8 cl de Kahlùa®
(liqueur de café)

1 cuill. à soupe
de café soluble
+ 4 pincées pour
le décor

4 cuill. à soupe
d'eau chaude

50 g de sucre
en poudre

4 œufs

Crème Chantilly

1 pincée de sel

Quand simplicité rime avec délice ! Un seul parfum pour un grand plaisir, mais si vous voulez jouer la carte du métissage, utilisez des gâteaux sablés au chocolat.

1 Mélangez le café soluble à l'eau chaude, puis laissez-le refroidir totalement.

2 Séparez les blancs des jaunes d'œufs. Dans une jatte, battez les jaunes avec le sucre en poudre jusqu'à obtention d'un mélange mousseux. Ajoutez le mascarpone, puis incorporez délicatement les blancs montés en neige ferme avec le sel. Parfumez la crème avec le café liquide.

3 Versez le Kahlùa® dans le fond de quatre verres. Répartissez dessus les biscuits sablés cassés en morceaux, puis les noix grossièrement concassées. Recouvrez le tout de crème cappuccino, couvrez les verres d'un film plastique et placez-les au moins 12 heures au réfrigérateur.

4 Décorez avec un nuage de crème Chantilly, une pincée de café soluble et quelques cerneaux de noix.

Tiramisu aux figues sèches

POUR 4 PERSONNES

150 g de mascarpone

**16 langues de chat
+ 4 pour le décor**

**300 g de figues
sèches + 4 lamelles
pour le décor**

**8 cl de liqueur
de figue (ou de vin
blanc moelleux)**

4 œufs

**40 g de sucre
en poudre**

Feuilles de menthe

1 pincée de sel

Un dessert subtil qui s'invite avec grâce dans un menu raffiné.
Pas de cercles à pâtisserie, pas de panique… ce tiramisu
se plaît aussi dans des coupes à champagne.

1 Taillez 180 g de figues sèches en petits dés. Faites-les macérer dans une assiette
creuse avec la liqueur de figue.

2 Séparez les blancs des jaunes d'œufs. Dans une jatte, battez au fouet les jaunes
avec le sucre en poudre jusqu'à ce que le mélange blanchisse. Ajoutez ensuite
le mascarpone, puis la chair des figues restantes que vous aurez prélevée
en raclant la peau avec un couteau. Mélangez bien au fouet, puis incorporez
délicatement les blancs montés en neige ferme avec le sel.

3 Placez quatre cercles à pâtisserie au centre de quatre petites assiettes à dessert.
Tapissez le fond d'une couche de figues marinées, disposez dessus les langues
de chat à raison de quatre par cercle, puis nappez le tout de crème au mascarpone.
Mettez les assiettes au moins 12 heures au réfrigérateur.

4 Au moment de servir, retirez
délicatement les cercles
et décorez le dessus
des tiramisu avec
une langue de chat,
une lamelle
de figue sèche
et une feuille
de menthe.

Tiramisu au cœur de Nutella®

POUR 4 PERSONNES

150 g de mascarpone

250 g de quatre-quarts

4 cuill. à soupe généreuses de Nutella®

5 cl de Kahlùa® (liqueur de café)

50 g de chocolat en poudre

30 g de pépites de chocolat

20 cl de lait

4 œufs

50 g de sucre en poudre

1 pincée de sel

Un tiramisu au cœur tendre et onctueux… un petit goût d'enfance qui resurgit du passé. Pour les enfants, supprimez le Kahlùa®.

1 Séparez les blancs des jaunes d'œufs. Dans une jatte, battez au fouet les jaunes avec le sucre en poudre, puis, lorsque le mélange a bien blanchi, ajoutez le mascarpone. Montez les blancs en neige ferme avec le sel, incorporez-les à la crème et parfumez-la avec le Kahlùa®.

2 Diluez le chocolat en poudre dans le lait et trempez-y le quatre-quarts coupé en gros dés. Répartissez-les au fond de quatre coupes. Au centre de chacune, ajoutez une cuillerée à soupe de Nutella® et nappez le tout de crème. Couvrez les coupes d'un film plastique et gardez-les au moins 12 heures au réfrigérateur.

3 Veillez à les sortir 30 minutes environ avant de les déguster afin que le Nutella® se réchauffe et redevienne bien fondant.

4 Décorez le dessus des tiramisu avec des pépites de chocolat.

Tiramisu dulce de leche à la mangue

POUR 4 PERSONNES

250 g
de mascarpone

150 g de bâtonnets
chocolatés
+ 4 bâtonnets
pour le décor

4 cuill. à soupe
de confiture de lait

1 mangue de 500g
environ

5 cl d'amaretto

4 œufs

1 noisette
de margarine

1 pincée de sel

Un régal d'inspiration argentine où la confiture de lait fait les « yeux doux » à la mangue ! Vous pouvez remplacer les bâtonnets chocolatés par des dés de pain d'épice grillés.

1 Pelez la mangue, prélevez la chair tout autour du noyau et taillez-la en petits dés (réservez-en quelques-uns pour la décoration). Poêlez les dés de mangue 5 à 10 minutes dans la noisette de margarine. Ajoutez une cuillerée à soupe de confiture de lait et mélangez bien. Versez l'amaretto, mélangez et gardez au chaud quelques instants. Laissez ensuite totalement refroidir.

2 Dans une jatte, battez les jaunes d'œufs avec la confiture de lait restante jusqu'à ce que le mélange devienne mousseux. Incorporez le mascarpone, puis ajoutez délicatement les blancs montés en neige ferme avec le sel, ainsi que les bâtonnets chocolatés cassés en petits morceaux.

3 Répartissez les dés de mangue bien égouttés dans le fond de quatre verres et répartissez dessus la crème à la confiture de lait. Couvrez les verres d'un film plastique et placez-les au moins 12 heures au réfrigérateur.

4 Pour servir, décorez avec un bâtonnet chocolaté et quelques dés de mangue.

Tiramisu aux speculoos et aux pommes fondantes

POUR 4 PERSONNES

150 g de mascarpone

80 g de speculoos

6 pommes golden

50 g de sucre
en poudre

4 œufs

1 zeste de citron

1 pincée de cannelle
en poudre + un peu
pour le décor

5 cl d'amaretto

Thym frais

1 pincée de sel

Les pommes peuvent être remplacées par des poires, des bananes ou des mangues. Et pourquoi pas un tiramisu tutti frutti avec une compotée de fruits variés ?

1 Dans une casserole, faites cuire à couvert et sur feu doux les pommes épluchées et taillées en dés avec le zeste de citron entier, la cannelle et 2 cuillerées à soupe d'eau. Quand les pommes sont bien fondantes, retirez-les du feu, écrasez-les à la fourchette en prenant soin de bien ôter le zeste, puis laissez-les refroidir.

2 Dans une jatte, battez au fouet les jaunes d'œufs avec le sucre en poudre jusqu'à ce que le mélange blanchisse, puis ajoutez le mascarpone. Montez les blancs en neige ferme avec le sel et incorporez-les ensuite à la crème. Parfumez avec l'amaretto.

3 Garnissez le fond de quatre coupes avec la compotée de pommes, répartissez dessus les speculoos grossièrement écrasés, puis nappez le tout de crème à l'amaretto. Recouvrez les coupes d'un film plastique et placez-les au moins 12 heures au réfrigérateur.

4 Saupoudrez légèrement les coupes de cannelle en poudre et décorez avec un brin de thym frais.

Plaisirs inédits

Tiramisu citron vert, chocolat et menthe fraîche

POUR 4 PERSONNES

150 g de mascarpone

100 g de biscuits à la cuillère

150 g de yaourt nature brassé

2 cuill. à soupe de menthe hachée

10 cl de coulis de chocolat

3 citrons verts

4 œufs

70 g de sucre en poudre

1 cuill. à soupe de cacao amer en poudre

1 pincée de sel

Ambiance Caraïbes pour ce tiramisu frais et acidulé aux parfums de mojito ! Vous pouvez aussi rajouter un peu de rhum dans le yaourt.

1 Dans une assiette creuse, mélangez le yaourt avec 20 g de sucre en poudre, la menthe et le jus de 2 citrons verts (réservez 4 rondelles pour la décoration). Trempez généreusement les biscuits dedans et répartissez-les dans le fond de quatre verres. Nappez de coulis de chocolat et réservez.

2 Séparez les blancs des jaunes d'œufs. Dans une jatte, battez les jaunes au fouet avec le sucre en poudre restant jusqu'à obtenir un mélange mousseux. Incorporez ensuite le mascarpone, puis les blancs d'œufs montés en neige ferme avec le sel. Parfumez la crème avec le jus du citron vert restant.

3 Garnissez les verres de crème et parsemez de cacao amer. Couvrez-les d'un film plastique et placez-les au moins 12 heures au réfrigérateur.

4 Décorez les tiramisu avec une rondelle de citron vert.

Tiramisu aux fraises marinées à la cardamome

POUR 4 PERSONNES

150 g de mascarpone

120 g de palets
bretons

350 g de fraises
+ 4 fraises
pour le décor

8 gousses
de cardamome
+ 4 gousses
pour le décor

60 g de sucre
en poudre

Le jus de 3 citrons

4 œufs

1 pincée de sel

Le mariage audacieux de la fraise et de la cardamome vient sublimer une crème à la fois aérienne et onctueuse !

1 Dans une jatte, mélangez les fraises coupées en petits dés avec le jus de citron, 20 g de sucre en poudre et les graines de cardamome concassées. Couvrez-les et laissez-les mariner au moins 1 heure au frais.

2 Séparez les blancs des jaunes d'œufs. Battez les jaunes au fouet avec 40 g de sucre en poudre jusqu'à ce que le mélange blanchisse. Incorporez ensuite le mascarpone, puis les blancs montés en neige ferme avec le sel. Écrasez les palets bretons entre vos doigts afin d'obtenir une fine chapelure.

3 Répartissez les fraises marinées légèrement égouttées au fond de quatre verres. Recouvrez-les d'une couche de 1 cm environ de biscuits émiettés, ajoutez une cuillerée à soupe de marinade dans chacun des verres et nappez le tout de crème. Recouvrez les verres d'un film plastique et placez-les au moins 12 heures au réfrigérateur.

4 Décorez le dessus des tiramisu avec une fraise coupée en deux et une gousse de cardamome.

Tiramisu aux pruneaux en infusion de thé au lait à la cannelle

POUR 4 PERSONNES

200 g
de mascarpone

400 g de pruneaux
dénoyautés

80 g de madeleines

4 œufs

1 sachet de thé

1/2 cuill. à café
de cannelle en
poudre + 1 pincée
ou 4 bâtons
pour le décor

25 cl de lait

60 g de sucre
en poudre

1 pincée de sel

Un tiramisu à l'accent du Sud… typé et doux, chaleureux et évoûtant. Faites macérer les pruneaux la veille, ainsi ils se gorgeront pleinement des parfums de thé et de cannelle.

1 Dans une casserole, mélangez le lait avec 10 g de sucre en poudre et la cannelle. Portez-le à ébullition, puis versez-le dans un bol. Ajoutez le sachet de thé et laissez-le infuser 2 minutes avant d'ajouter les pruneaux. Couvrez et laissez macérer 4 à 5 heures. Ôtez le sachet de thé, puis égouttez les pruneaux en veillant à garder le thé au lait.

2 Hachez très grossièrement les pruneaux avec un couteau et répartissez-les dans le fond de quatre verres. Ajoutez dessus les madeleines coupées en dés. Réservez.

3 Fouettez les jaunes d'œufs avec le sucre en poudre restant jusqu'à ce que le mélange blanchisse. Ajoutez le mascarpone et parfumez avec le restant d'infusion de thé au lait. Incorporez ensuite les blancs montés en neige ferme avec le sel. Garnissez les verres de crème, protégez-les d'un film plastique et placez-les au moins 12 heures au réfrigérateur.

4 Pour servir, décorez les tiramisu avec un bâton de cannelle ou une pincée de cannelle en poudre.

Tiramisu aux kiwis et au Coca-Cola®

POUR 4 PERSONNES

120 g de mascarpone

80 g de madeleines

15 cl de Coca-Cola®

2 cuill. à soupe
de jus de citron
+ 4 rondelles de
citron pour le décor

4 kiwis + 4 rondelles
pour le décor

2 œufs

25 g de sucre
en poudre

1 pincée de sel

Acidulé et vitaminé en diable ! C'est un régal pour les papilles comme pour les yeux ! Madeleines, quatre-quarts ou gâteau au yaourt… tout lui réussit !

1 Dans un bol, mélangez le Coca-Cola® avec le jus de citron et battez au fouet pour que le mélange soit moins pétillant. Ajoutez ensuite les kiwis taillés en petits dés. Laissez mariner le tout 2 à 3 heures.

2 Égouttez les kiwis en veillant à garder le jus de marinade. Répartissez la moitié des fruits dans le fond de quatre verres, puis ajoutez les madeleines coupées en petits morceaux et répartissez dessus le reste de kiwis. Versez 2 cuillerées à soupe de marinade au Coca-Cola® dans chacun des verres, tassez bien la garniture et réservez.

3 Battez les jaunes d'œufs avec le sucre en poudre jusqu'à ce que le mélange blanchisse. Ajoutez ensuite le mascarpone et parfumez avec 3 cuillerées à soupe de marinade au Coca-Cola®. Incorporez délicatement les blancs montés en neige ferme avec le sel.

4 Garnissez les verres de crème en formant un léger dôme. Couvrez-les d'un film plastique et gardez-les au moins 12 heures au réfrigérateur.

5 Accrochez une rondelle de kiwi (en gardant la peau) et une rondelle de citron aux verres, et servez les tiramisu bien frais.

Tiramisu choco-marron aux céréales et aux cacahuètes

POUR 4 PERSONNES

80 g de mascarpone

80 g de crème de marron vanillée

140 g de barres céréalières au chocolat et aux cacahuètes

2 œufs

20 g de sucre en poudre

5 cl de lait

2 cuill. à soupe de chocolat noir en poudre

1 cuill. à soupe de cacao amer en poudre

1 pincée de sel

Un goût profond et riche pour un dessert puissant et revigorant où le chocolat souligne avec finesse la douceur de la crème de marron.

1 Dans une assiette creuse, mélangez le lait avec le chocolat noir en poudre.

2 Détaillez les barres céréalières en petits morceaux et mettez-les à tremper 2 à 3 minutes dans le chocolat liquide. Répartissez-les ensuite dans le fond de quatre verres et ajoutez une cuillerée à café de chocolat liquide dans chacun. Réservez.

3 Séparez les blancs des jaunes d'œufs. Battez les jaunes avec le sucre en poudre jusqu'à obtenir un mélange mousseux. Incorporez d'abord le mascarpone, puis la crème de marron. Donnez un dernier coup de fouet avant d'ajouter délicatement les blancs montés en neige ferme avec le sel.

4 Répartissez cette crème dans les verres et saupoudrez le dessus de cacao amer. Recouvrez-les d'un film plastique et placez-les au moins 12 heures au réfrigérateur.

Tiramisu à la noix de coco et au sirop d'érable

POUR 4 PERSONNES

150 g de mascarpone

170 g de palmiers
+ 4 palmiers
pour le décor

70 g de noix de coco
râpée + un peu
pour le décor

5 cuill. à soupe
de sirop d'érable

5 cl de rhum

5 cl de lait de coco

4 œufs

40 g de sucre
en poudre

1 pincée de sel

Un suave exotisme pour ce tiramisu riche en parfums ! En version non alcoolisée, utilisez 10 cl de lait de coco… une façon de faire découvrir aux plus jeunes des saveurs venues d'ailleurs.

1 Dans une jatte, mélangez les palmiers cassés en gros morceaux avec le lait de coco, le rhum et une cuillerée à soupe de sirop d'érable. Laissez macérer.

2 À l'aide d'un fouet, battez les jaunes d'œufs avec le sucre en poudre jusqu'à ce que le mélange blanchisse, puis ajoutez le mascarpone, la noix de coco râpée et 2 cuillerées à soupe de sirop d'érable. Incorporez ensuite les blancs montés en neige ferme avec le sel.

3 Répartissez la moitié de la crème au coco dans le fond de quatre verres, puis ajoutez les palmiers marinés et couvrez le tout avec la crème restante. Couvrez-les d'un film plastique et gardez-les au moins 12 heures au réfrigérateur.

4 Pour servir, nappez le dessus de chaque tiramisu avec une cuillerée à café de sirop d'érable, saupoudrez de noix de coco râpée et piquez un petit palmier dans la crème.

Tiramisu au chocolat, au gingembre et au pop-corn

POUR 4 PERSONNES

150 g de mascarpone

120 g de biscuits sablés anglais au gingembre

4 cuill. à soupe de pop-corn

1 cuill. à café de gingembre frais haché

100 g de chocolat en poudre

10 cl de lait

55 g de sucre en poudre

4 œufs

1 pincée de sel

Surprenez vos invités avec ce dessert inventif ! Selon votre goût, répartissez plus ou moins de gingembre haché dans les verres.

1 Dans une petite casserole, portez le lait à ébullition avec 5 g de sucre en poudre et le gingembre haché. Laissez infuser 5 à 10 minutes sur feu doux et réservez le temps que le lait refroidisse complètement.

2 Battez les jaunes d'œufs au fouet avec le sucre restant jusqu'à ce que le mélange blanchisse. Ajoutez le mascarpone et parfumez avec le chocolat en poudre. Incorporez ensuite les blancs montés en neige ferme avec la pincée de sel.

3 Imbibez généreusement de lait au gingembre les biscuits sablés cassés en morceaux et répartissez-les au fond de quatre verres. Versez 2 cuillerées à soupe de lait parfumé dans chacun, puis ajoutez la crème au chocolat. Couvrez les verres d'un film plastique et placez-les au moins 12 heures au réfrigérateur.

4 Au moment de servir, disposez une cuillerée à soupe de pop-corn sur le dessus de chaque tiramisu.

Tiramisu Tagada® meringué

POUR 4 PERSONNES

220 g
de mascarpone

120 g de quatre-quarts

180 g de fraises Tagada®

1 grande meringue de boulanger

4 cl de sirop de grenadine

4 cl de lait

4 œufs

1 pincée de sel

Original et rigolo, coloré et craquant ! Les enfants adorent… les parents aussi ! Essayez avec les bananes-bonbons et utilisez du sirop de pomme… c'est également très bon !

1 Dans une casserole, mettez à fondre à feu doux 140 g de fraises Tagada®. Quand elles forment une boule collante, ajoutez le lait et laissez les fraises se dissoudre sans jamais cesser de tourner. Réservez.

2 Séparez les blancs des jaunes d'œufs. Dans une jatte, mélangez au fouet les jaunes avec la préparation précédente. Incorporez ensuite le mascarpone, puis les blancs montés en neige ferme avec le sel.

3 Mélangez la grenadine avec 4 cl d'eau et ajoutez le quatre-quarts coupé en dés. Répartissez la moitié dans le fond de quatre verres et nappez de la moitié de la crème aux fraises Tagada®. Ajoutez le reste de dés de quatre-quarts et enfin le reste de crème. Couvrez les verres d'un film plastique et placez-les au moins 12 heures au réfrigérateur.

4 Coupez les fraises Tagada® restantes en petits dés, la meringue en morceaux, mélangez-les et répartissez-les sur les tiramisu.

Tiramisu à la banane, aux cookies et aux noix de pécan

POUR 4 PERSONNES

200 g
de mascarpone

15 cookies aux noix
de pécan + 3 cookies
pour le décor

3 bananes

1 citron

80 g de sucre
en poudre

4 jaunes d'œufs

10 cl de crème
liquide

1/2 cuill. à café
de cannelle
en poudre

8 cl d'amaretto
(facultatif)

Un tiramisu convivial et généreux qui séduira les petits comme les grands ! Essayez-le aussi avec des cookies à la nougatine ou tout chocolat.

1 Portez à ébullition 7 cl d'eau avec le sucre en poudre et laissez chauffer pendant 2 minutes environ.

2 Dans une jatte, battez les jaunes d'œufs au fouet puis, sans cesser de tourner, versez le sirop dessus. Incorporez ensuite le mascarpone et mélangez bien.

3 Montez la crème liquide bien froide en chantilly à l'aide d'un batteur électrique, puis parfumez-la avec la cannelle. Incorporez délicatement à la préparation précédente et ajoutez l'amaretto.

4 Pelez les bananes, coupez-les en rondelles et citronnez-les. Répartissez la moitié de la crème dans le fond de quatre grands verres. Ajoutez ensuite une couche de cookies cassés en gros morceaux, une couche de rondelles de banane et une seconde couche de cookies. Terminez par une couche de crème. Couvrez les verres d'un film plastique et placez-les au moins 12 heures au réfrigérateur au frais.

5 Avant de servir, émiettez 3 cookies et parsemez-en la surface des tiramisu pour leur donner une petite note croustillante.

Tiramisu aux florentins et à l'ananas

POUR 4 PERSONNES

250 g de mascarpone

3 florentins de boulanger (180 g environ)

260 g d'ananas

4 œufs

50 g de sucre en poudre

1 pincée de sel

Un dessert ensoleillé qui illuminera vos convives ! Ananas frais ou ananas au sirop… c'est au choix. Veillez néanmoins à bien rincer l'ananas au sirop.

1 Taillez l'ananas en petits dés et répartissez-les ensuite dans quatre grands verres. Taillez également 1 florentin en petits dés et disposez-les sur l'ananas. Réservez.

2 À l'aide d'un fouet, battez les jaunes d'œufs avec le sucre en poudre jusqu'à ce que le mélange devienne mousseux. Incorporez le mascarpone et les blancs montés en neige ferme avec le sel.

3 Garnissez les verres de crème, couvrez-les d'un film plastique et placez-les au moins 12 heures au réfrigérateur.

4 Pour servir, taillez les florentins restants en petits dés et répartissez-les sur le dessus des tiramisu.

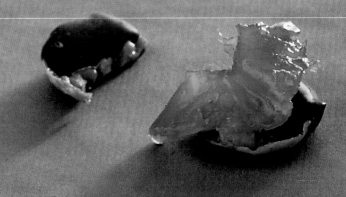

Index

Antipasti

Soupes

Crumbles

Wok

Œufs cocotte

Quelques titres de la collection vedette

NOUVELLES
VARIATIONS GOURMANDES

Terrines

Tartares

Verrines express

Lasagnes

Cakes

Hamburgers

Madeleines

Crêpes

Gaspachos

Verrines gourmandes

Cuillères apéritives

Financiers

Tajines

Bricks

Espumas & petites mousses

Panna cotta

SOLAR
EDITIONS